Vorlagenbogen A

Korkis. Lustige Tiere, Ritter, Clowns, Piraten, Weltraum und mehr

ISBN 3-89858-616-2

4 b

4 c

1

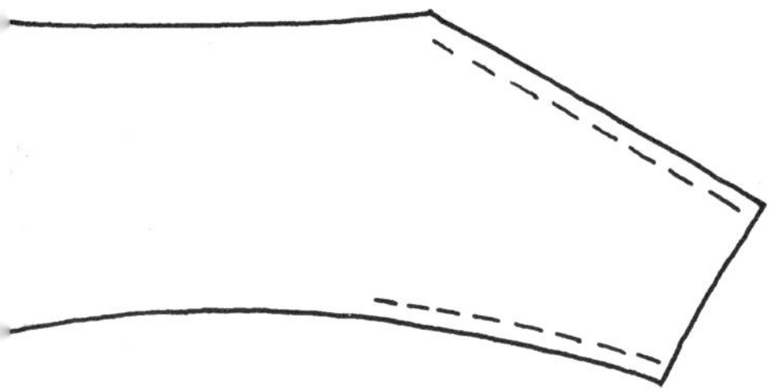

2

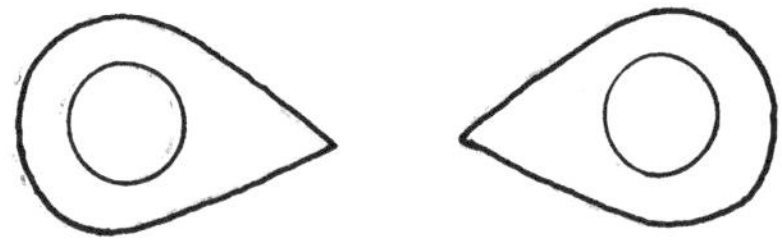

5a

5b

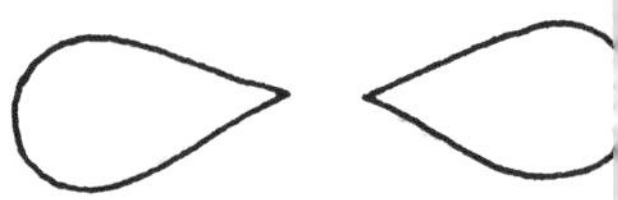

d

9e

Liebe Leserin, lieber Leser!

Ob Sekt oder Wein, Korken sammeln sich in nahezu jedem Haushalt an und sind zum Wegwerfen eigentlich viel zu schade. Sie geben ein kostenloses und vielseitiges Bastelmaterial ab, aus dem sich mit wenigen Handgriffen lustige Figuren zaubern lassen. Zwar muss beim Schneiden, Vorstechen und Bohren ein Erwachsener zur Hand gehen, doch dafür sind beim Bemalen und Ausgestalten schon die Kleinsten mit Feuereifer dabei. Gemeinsam entstehen auf diese Weise zauberhafte kleine Welten, mit denen sich wunderbar spielen lässt. Statt gekaufter Plastikfiguren bevölkern ab sofort selbst gemachte Drachentöter die Ritterburg, Außerirdische und Astronauten geben sich ein Stelldichein auf dem Mars, lustige Clowns halten Einzug in der Manege, und geschickte Äffchen erobern den undurchdringlichen Dschungel der heimischen Zimmerpflanzen.

Viel Spaß im Reich der Fantasie mit diesen
und vielen weiteren Ideen wünscht
Ihr

Werner Schultze

Inhaltsverzeichnis

UHU pistole LT 110
UHU
kraft
alleskleber
transparenter Kraftkleber
BW02
Marabu
Fun Liner
Fun Liner Magic
Fun Liner Magic

Grundkurs Basteln mit Korken

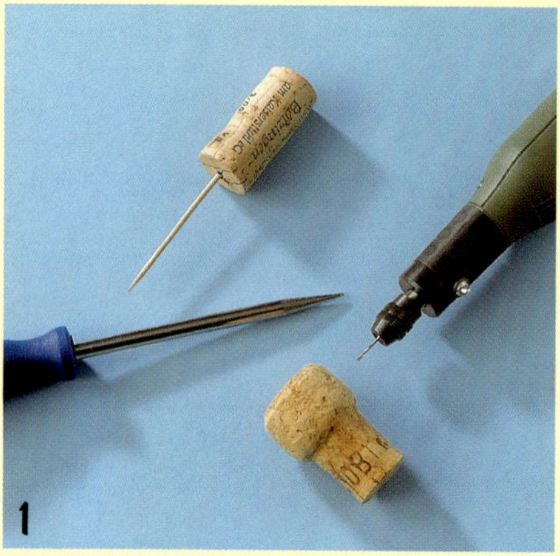

1

Grundmaterial

- *Korken (z. B. von Sekt oder Wein)*
- *Modellbaubohrer oder Prickelnadel*
- *scharfes Messer oder Bastelmesser mit breiter Klinge, Schneideunterlage*
- *Bastelfarben (z. B. Marabu-Decormatt)*
- *Feinliner, feine Filzstifte*
- *Styroporstück*
- *Zahnstocher oder Schaschlikspieß*
- *Biegeplüsch, Seitenschneider*
- *Pinsel, Schere, Bleistift, Lineal*
- *Heißklebepistole, Kleber*

2

1. Korken gibt es in verschiedenen Formen. Wählen Sie ein Exemplar, das dem gewünschten Modell entspricht. Um den Korken zum Bemalen auf Zahnstocher stecken zu können oder für Löcher, in die später Arme oder Beine aus Biegeplüsch gesteckt werden, verwenden Sie am besten einen kleinen Modellbaubohrer. Alternativ ist zum Vorbohren auch ein Vorstecher oder eine Prickelnadel geeignet.

2. Bei einigen Modellen werden die Korken zugeschnitten oder eingekerbt. Arbeiten Sie auf einer Schneideunterlage, und verwenden Sie ein scharfes Messer, das einen glatten Schnitt ausführt, oder ein Bastelmesser mit breiter Klinge.

3

3. Um Korken miteinander zu verkleben, eignet sich Heißkleber. Die Korkenteile an den Klebestellen vorher mit dem Messer anpassen. Dann beide Teile zusammendrücken, bis der Kleber angetrocknet ist.

4. Grundsätzlich ist es zu empfehlen, die Korken bei allen Modellen weiß zu grundieren. Die Oberfläche wird glatter, und die nächsten Farbaufträge decken besser. Zum Bemalen werden die Korken auf Zahnstocher gespießt und zum Trocknen in ein Styroporstück gesteckt.

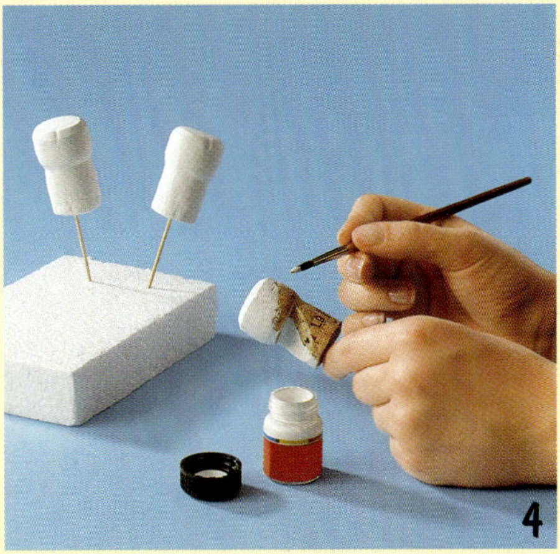

5. Details, wie etwa Gesichter, können mit sehr feinen Bleistiftlinien vorgezeichnet werden. Prinzipiell gilt: Stets zuerst helle Farben auftragen, nach dem Trocknen dann die dunkleren. Für dünne Linien eignen sich Feinliner oder feine Filzstifte.

6. Arme oder Beine der Figuren werden häufig mit Biegeplüsch gestaltet. Dazu die Stücke mit dem Seitenschneider in entsprechender Länge zuschneiden. Vor dem Einstecken in das vorgebohrte Loch im Korken von jeweils einem Biegeplüschende etwa 5 mm Plüsch vom Draht abzupfen. Das Plüschstück mit diesem Ende in den Korken hineinstecken.

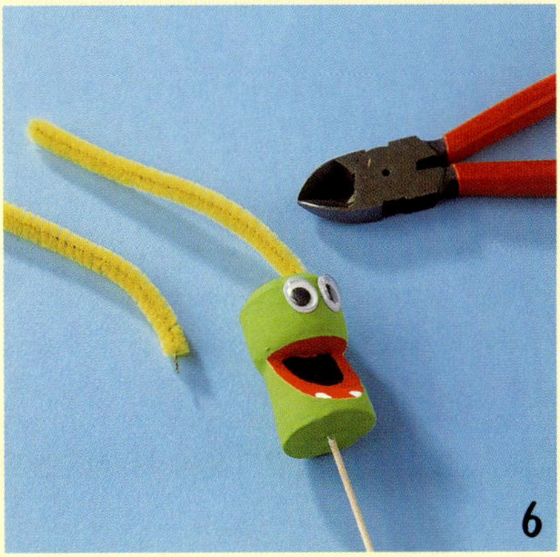

Tipps: *Das Vorbohren der Löcher, Zuschneiden oder Einkerben der Korken sowie das Kleben mit Heißkleber sollte in jedem Fall ein Erwachsener übernehmen. Beim Schneiden immer darauf achten, weg vom Körper zu arbeiten.*
Schlitze, etwa für das Einstecken von Ohren, schließen sich nach dem Einschneiden materialbedingt wieder. Darum kurz vorher noch einmal mit einem Messer weiten.

Vorhang auf für August und Freunde

1. In den Korkenboden mittig ein gut fingerhutgroßes, 1,5 cm tiefes Loch bohren. Für den Clown mit Hut den Korken am oberen Ende seitlich etwas abschrägen.

2. Den Korken weiß grundieren, trocknen lassen. Gesicht und Körper gemäß Abbildung aufmalen. Die Punkte auf der Fliege mit Filzstift, die Gesichtslinien mit Feinliner gestalten.

3. Für die Arme beidseitig Löcher bohren und jeweils ein 4 cm langes Biegeplüschstück hineinstecken. Für die Clowns mit Haaren ebenfalls beidseitig Löcher in den Kopf bohren (je drei beim Clown mit Hose, je eines beim Clown mit Hut). Mit einer Nadel Wollfäden hineinschieben, die Wolle aufribbeln.

4. Für die Fingerhülse ein fingerlanges, 8 cm breites Filzstück zur Röhre zusammenheften. Ein Röhrenende mit Heißkleber in das Loch im Korkenboden kleben.

5. Für den Clown mit Hut ein 1,5 cm langes Weinkorkenstück weiß grundieren, nach dem Trocknen in Flieder bemalen. Aus Tonkarton mit einem Zirkel einen Kreis mit 3,5 cm Durchmesser arbeiten. Das Korkenstück mittig auf den Kreis kleben. Mit rotem Band verzieren, den Hut dann mit Heißkleber auf der abgeschrägten Stelle des Kopfes fixieren.

6. Für den Clown mit Hose die Hose vom Vorlagenbogen mit Hilfe einer Kartonschablone zweimal auf Karostoff übertragen und ausschneiden. Die Hosenteile gemäß Vorlage zusammennähen und von unten über die Filzhülse bis über das Korkenende ziehen. Eventuell mit Klebstoff sichern.

7. Für die Beine ein 11 cm langes Stück Biegeplüsch zuschneiden und hinter der Filzhülse durch die Hosenbeine führen. Zum Schluss die Marionettenfüße auf die Enden der Biegeplüschstücke stecken und mit Klebstoff fixieren.

Material

- *Sektkorken*
- *Bastelfilz in Rot oder Orange*
- *Biegeplüsch in Pink, Seitenschneider*
- *Modellbaubohrer, Prickelnadel oder Vorstecher*
- *Bürohefter, Schere, Lineal, stumpfe Nadel*
- *Marabu-Decormatt Bastelfarbe in Weiß, Hautfarbe, Zinnoberrot, Zartblau, Gelbgrün*
- *Heißkleber, Pinsel, Bleistift, Lineal*
- *Feinliner in Schwarz, bunte Filzstifte*
- *Zahnstocher, Styroporstück, Klebstoff*

Außerdem für den Clown mit Hut:

- *Weinkorken, scharfes Messer und Cutter*
- *Schneideunterlage*
- *Tonkarton in Violett, Zirkel*
- *schmales Satinband und Wollfäden in Rot*
- *Marabu-Decormatt Bastelfarbe in Zartrosa, Flieder*

Für den Clown mit Hose:

- *Dicke Wollfäden in Orange*
- *Karostoff, Nadel, Faden*
- *Transparentpapier, dünner Karton*
- *2 Marionettenfüße aus Holz (25 mm)*
- *Marabu-Decormatt Bastelfarbe in Zarttürkis*

Vorlage 1

Circus

Auf die Bäume, fertig, los!

1. Den Korken auf einen Zahnstocher stecken und weiß grundieren. In das Styroporstück gesteckt trocknen lassen.

2. Den Affen gemäß Abbildung bemalen. Dazu für die Körper Mittelbraun mit Mango bzw. Mittelbraun mit Gelbocker mischen. Nach dem Trocknen den Mund mit Filzstift, feine Gesichtslinien mit Feinliner gestalten.

3. Die Ohren vom Vorlagenbogen mit Hilfe von Transparentpapier und Kartonschablonen auf farblich passenden Tonkarton, die Ohrinnenteile auf Tonpapier in Rosa übertragen.

4. Alle Teile ausschneiden. Die Ohrinnenteile jeweils auf die Ohren kleben. Mit dem Cutter oder einem scharfen Messer beidseitig Schlitze in den Korken schneiden, die Ohren hineinstecken.

5. Die Löcher für Arme, Beine, Schwanz mit Hilfe des Bohrers bzw. Vorstechers im Korken vorbohren.

6. Vom Biegeplüsch für Arme und Beine vier jeweils 8 cm lange Stücke, für den Schwanz ein 14 cm langes Stück zuschneiden. Die Plüschstücke in die dafür vorgesehenen Löcher stecken und in Form biegen.

7. Zum Schluss den lustigen Äffchen eine Banane in die Hand geben.

Material

- *Sektkorken*
- *Modellbaubohrer, Prickelnadel oder Vorstecher*
- *Cutter und scharfes Messer*
- *Biegeplüsch in Braun, Terrakotta und Beige*
- *Marabu-Decormatt Bastelfarbe in Hautfarbe, Mittelbraun, Gelbocker, Mango, Mittelgelb, Zitron und Schwarz*
- *Tonkarton in Mittelbraun, Ocker und Hautfarbe*
- *Tonpapier in Rosa*
- *Heißkleber, Pinsel*
- *Bleistift, Lineal*
- *Feinliner in Schwarz*
- *Filzstift in Rot*
- *Schere, Klebstoff*
- *Transparentpapier, dünner Karton*
- *Seitenschneider*
- *Zahnstocher, Styroporstück*
- *Dekobananen*

Vorlage 2

Elefantenpicknick

1. Den Korken auf den Zahnstocher stecken, weiß grundieren und trocknen lassen.

2. Inzwischen die Ohren und Ohrinnenteile vom Vorlagenbogen mit Hilfe von Kartonschablonen auf Tonkarton in Flieder und Hellblau bzw. Tonpapier in Rosa übertragen und ausschneiden. Die Ohrinnenteile auf die Ohren kleben.

3. Die Korken mit Krokus und Zartblau bemalen. Die Korken trocknen lassen.

4. Für die Rüssel aus hellblauem und fliederfarbenem Tonpapier zwei jeweils 20 cm lange Streifen zuschneiden, die an einem Ende 1,4 cm am anderen 0,4 cm breit sind. Die beiden Streifen an den schmalen Enden im 90°-Winkel aufeinander kleben. Abwechselnd übereinander zu Hexentreppen falten. Die letzte Faltung mit Klebstoff fixieren.

5. Für die Ohren mit dem Cutter oder Messer beidseitig etwa 2 cm lange Schlitze in den Korken schneiden. Die Ohren hineinstecken.

6. Mit dem Bohrer oder Vorstecher Löcher für Arme und Beine bohren. Anschließend vier jeweils 5 cm lange, farblich passende Biegeplüschstücke zuschneiden und in die dafür vorgesehenen Löcher stecken. Arme und Beine in Form biegen.

7. Zum Schluss Rüssel und Wackelaugen aufkleben und dem Elefanten nach Belieben das Papierschirmchen in den Arm geben.

Material

- *Sektkorken*
- *Zahnstocher, Styroporstück*
- *Modellbaubohrer, Prickelnadel oder Vorstecher*
- *scharfes Messer und Cutter*
- *Marabu-Decormatt Bastelfarbe in Weiß, Krokus und Zartblau*
- *Wackelaugen, oval (8 mm)*
- *Tonpapier in Rosa*
- *Tonkarton und Tonpapier in Flieder und Hellblau*
- *Biegeplüsch in Hellblau und Rosa*
- *Transparentpapier*
- *dünner Karton, Klebstoff*
- *Lineal, Bleistift*
- *Schere, Pinsel, Seitenschneider*
- *Papierschirmchen*

Vorlage 3

Lauter schräge Vögel

1. In alle Korken für die Schwanzfedern jeweils ein Loch bohren. Dort auf Zahnstocher stecken und weiß grundieren. Trocknen lassen. Inzwischen von den Flügeln und den Schnäbeln auf dem Vorlagenbogen mit Hilfe von Transparentpapier Schablonen herstellen. Die Flügel jeweils einmal auf farblich passenden Tonkarton, den Tukanschnabel zweimal, den Papageienschnabel viermal auf Gelb übertragen und ausschneiden.

2. Den Tukan bemalen: den Bauch in Mango, die Augenmaske in Weiß und Zitron, den Körper in Schwarz. Bei den beiden Aras die Augenmasken wie beim Tukan gestalten. Den Bauch des blauen Aras in Mango und Mittelgelb, den Körper in Ultramarin und Türkisblau arbeiten. Der rote Ara bekommt einen Bauch in Mango, Gelbgrün und Türkisblau sowie einen zinnoberroten Körper. Trocknen lassen.

3. Die Schnabelspitze des Tukans mit orangefarbenem Filzstift anmalen. Dann die Schnabelpaare jeweils nur am oberen Rand zusammenkleben, etwas aufspreizen und ebenfalls mit Heißkleber auf den Köpfen anbringen. Von den Glastieraugen die Ösen abzwicken und die Augen auf die Augenmasken kleben. Die Flügel mit Heißkleber auf dem Vogelrücken fixieren.

4. Für den Tukan und den roten Ara jeweils aus 1,5 cm dickem Draht eine kleine Öse formen. Zwischen Flügel und Kopf ein kleines Loch in den Korken bohren, die Öse hineinstecken und festkleben.

5. Für die Papageienschaukel ein 16 cm langes Stück des dickeren Drahtes u-förmig biegen, die Enden zu kleinen Ösen einrollen. Den Körper des blauen Aras im unteren Bereich quer durchbohren (Ø 2 mm). Den Schaschlikspieß durch eine Öse der Schaukel, dann durch den Papagei, anschließend durch die zweite Öse stecken. Den Spieß kürzen, auf beiden Enden eine Perle aufkleben. Die Ösen mit der Zange zusammenquetschen, damit der Papagei fest auf der Schaukel sitzt.

6. Tukan und roten Ara mit Silberdraht an den Enden der Schaukel anbringen. Die Schaukel am Silberdraht aufhängen.

Material

- *3 Sektkorken*
- *Zahnstocher, Styroporstück*
- *Modellbaubohrer, Prickelnadel oder Vorstecher*
- *Scharfes Messer oder Cutter*
- *Marabu-Decormatt Bastelfarbe in Weiß, Schwarz, Zitron, Mango, Gelbgrün, Türkisblau, Zinnoberrot, Mittelgelb, Ultramarin, Pinsel*
- *3 Paar Glastieraugen (Ø 8 mm)*
- *2 Holzperlen (Ø 8 mm)*
- *Feder in Rot, Schwarz und Blau*
- *Filzstift in Orange, Silberdraht*
- *Tonkarton in Schwarz, Gelb, Rot und Blau*
- *Transparentpapier, dünner Karton*
- *Aludraht (Ø 1,5 mm und 2 mm)*
- *Heißklebepistole, Klebstoff, Schere*
- *Bleistift, Lineal, Schaschlikspieß*
- *Seitenschneider, Rundzange*

Vorlage 4

Gefährliche Papiertiger

1. Zunächst mit der Bohrmaschine ein Loch in den Korkenboden bohren, in dem das Buntstiftende gut sitzt. Beim Löwen zusätzlich mit dem Messer um den Kopf herum mittig etwa 1 cm tief in den Korken einschneiden.

2. Den Korken in Weiß grundieren und trocknen lassen. Inzwischen die Ohren mit Hilfe einer Kartonschablone vom Vorlagenbogen auf Tonkarton in Zitron (Leopard), Gelb (Tiger) oder Orange (Löwe) übertragen und ausschneiden. Für den Löwen noch zusätzlich die Mähne aus Tonkarton in Orange arbeiten.

3. Die Tiere gemäß Abbildung in Zitron, Mittelgelb und Mango bemalen. Für die Gesichtspartie des Löwen und Tigers Vanille verwenden. Nach dem Trocknen die Punkte des Leoparden und die Streifen des Tigers mit Filzstift, die feinen Gesichtslinien mit Feinliner gestalten.

4. Mit rosafarbenem Filzstift Ohrinnenteile auf die Ohren aufmalen. Beidseitig mit dem Messer oder Cutter Schlitze in den Kopf schneiden, die Ohren hineinstecken. Beim Löwen die Mähne in den Schlitz im Kopf einstecken.

5. Vom Biegeplüsch für den Schwanz ein 15–18 cm langes Stück zuschneiden. Für den Leoparden mit Filzstift ockerfarbene Punkte, für den Tiger dunkelbraune Streifen auf den Schwanz malen. Jeweils ein Loch für den Schwanz bohren und den Schwanz in den Körper stecken.

6. Tiger, Leopard oder Löwe jeweils auf einem Buntstiftende platzieren.

Material

- *Sektkorken*
- *Zahnstocher, Styroporstück*
- *Modellbaubohrer, Bohrmaschine*
- *Prickelnadel oder Vorstecher*
- *Scharfes Messer und Cutter*
- *Marabu-Decormatt Bastelfarbe in Weiß, Zitron, Mango, Mittelgelb, Vanille, Schwarz, Gelbgrün, Zinnoberrot*
- *Feinliner in Schwarz*
- *Filzstifte in Ocker, Rosa, Orange, Hellbraun und Dunkelbraun*
- *Tonkarton in Zitron, Gelb und Hellorange*
- *Biegeplüsch in Zitron, Gelb und Orange*
- *Transparentpapier*
- *dünner Karton, Klebstoff*
- *Lineal, Bleistift, Buntstifte*
- *Schere, Pinsel, Seitenschneider*

Vorlage 5

Besuch auf dem Mars

1. Für den Astronauten einen Weinkorken halbieren, die Rundungen anpassen. Die Hälften als Arme am Körper anbringen (siehe Grundkurs Seite 4/5), ebenso ein 2 cm großes Korkenquadrat als Sauerstoffgerät am Rücken. Das Eisstäbchen halbieren, die Hälften als Füße aufkleben. Die Figur weiß bemalen. Nach dem Trocknen das Gesicht aufmalen, mit Filzstift ausgestalten. Löcher für die Drähte des Sauerstoffgerätes und den Zahnstocher bohren.

2. Für das Sauerstoffgerät zwei 6 cm lange Drahtstücke zuschneiden. Je ein Ende in die Löcher unterhalb des Kopfes, die anderen Enden in die Löcher im Sauerstoffgerät stecken. Für das Visier ein 2 cm x 4 cm großes Folienstück zuschneiden. Mit gekürzten Stecknadeln über dem Gesicht anbringen.

3. Für den Roboter den Sektkorken weiß grundieren. Nach dem Trocknen silber bemalen. Die Holzperlen als Augen, Druckknopfhälften als Ohren aufkleben. Die Spirale mit Hilfe einer bunten Stecknadel als Antenne am Kopf befestigen. Den Roboter mit Filzstift gemäß Abbildung ausgestalten, die Stecknadeln kürzen und als Lämpchen in den Bauch stecken. Die Löcher für die Arme vorbohren und zwei je 4 cm lange Plüschstücke hineinstecken.

4. Für den Außerirdischen eine große Kerbe in den Korken schneiden (siehe Grundkurs Seite 4/5). Den Korken weiß grundieren, nach dem Trocknen gemäß Abbildung bemalen. Die Wackelaugen aufkleben, die Löcher für die Biegeplüschantennen vorbohren und diese anbringen.

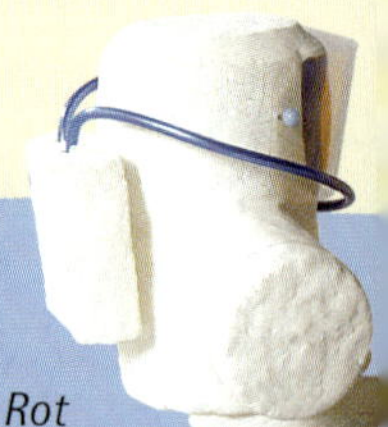

Material

Für den Astronauten:
- *2 Weinkorken, Eishölzchen*
- *Marabu-Decormatt Bastelfarbe in Weiß, Hautfarbe, Zinnoberrot und Schwarz*
- *Filzstift in Ultramarin*
- *Aludraht in Blau (Ø 1,5 mm), dünne Folie*
- *2 Stecknadeln mit farbigen Köpfen*

Für den Roboter:
- *2 Holzperlen in Rot (Ø 8 mm)*
- *2 Druckknopfhälften (Ø 1 cm)*
- *5 Stecknadeln mit farbigen Köpfen*
- *Marabu-Decormatt Bastelfarbe in Weiß*
- *Bastelfarbe in Silber*
- *Biegeplüsch in Silber, kleine Spirale*
- *Filzstifte in Blau und Grün*

Für den Außerirdischen:
- *Biegeplüsch in Gelb und Rot*
- *2 Wackelaugen (oval, Ø 12 mm und rund, Ø 10 mm)*
- *Marabu-Decormatt Bastelfarbe in Weiß, Gelbgrün, Zitron, Zinnoberrot, Schwarz*

Für alle Modelle:
- *Sektkorken*
- *Zahnstocher, Styroporstück*
- *Modellbaubohrer, Prickelnadel oder Vorstecher*
- *scharfes Messer und Cutter*
- *Lineal, Klebstoff, Seitenschneider*
- *Heißklebepistole*

Eine Seefahrt, die ist lustig ...

1. Den Korken weiß grundieren und trocknen lassen.

2. Inzwischen den Piratenhut vom Vorlagenbogen mit Hilfe von Kartonschablonen auf doppelt gelegtes Tonpapier übertragen und ausschneiden. Die Hüte nur am oberen äußeren Rand zusammenkleben, auf eine Seite den Totenkopf malen.

3. Den Korken gemäß Abbildung bemalen. Die Streifen der Hemden werden mit Filzstift auf den trockenen Untergrund aufgetragen.

4. Nun Löcher für die Arme vorbohren. Zwei 4–5 cm lange Biegeplüschstücke hineinstecken. Dem Piraten entweder einen Säbel (Zahnstocher) in die Hand geben oder von einem Drahtende Plüsch entfernen und den Draht zum Haken biegen. Den Hut auf den Kopf stülpen, eventuell mit Klebstoff fixieren.

5. Für den Kraken vom unteren Korkenende 1 cm abschneiden. Den Korken erst weiß grundieren, nach dem Trocknen in Flieder bemalen. Augen und Nasenlöcher gestalten.

6. Für die Krakenarme acht Löcher vorbohren. Dann vom Biegeplüsch acht jeweils 15 cm lange Stücke zuschneiden. Diese als Arme in die vorgebohrten Löcher stecken. Die Arme in Form biegen.

Material

Für die Piraten:

- *Marabu-Decormatt Bastelfarbe in Weiß, Hautfarbe, Zinnoberrot, Schwarz, Mittelbraun, Zitron*
- *Filzstift in Schwarz und Hellblau*
- *Tonpapier in Dunkelblau und Schwarz*
- *Biegeplüsch in Rosa (Ø 9 mm)*
- *Transparentpapier, dünner Karton*
- *Bleistift, Schere, Klebstoff*

Für den Kraken:

- *Scharfes Messer und Cutter*
- *Schneideunterlage*
- *Marabu-Decormatt Bastelfarbe in Weiß, Flieder, Gelbgrün und Schwarz*
- *Biegeplüsch in Lila (Ø 6 mm)*

Für beide Modelle:

- *Sektkorken*
- *Zahnstocher*
- *Styroporstück*
- *Modellbaubohrer, Prickelnadel oder Vorstecher*
- *Seitenschneider*
- *Lineal*
- *Pinsel*

Vorlage 7

Gute Freunde

1. Die Korken weiß grundieren und trocknen lassen.

2. Für den Chinesen aus gelbem Tonkarton einen Kreis (Ø 6,5 cm) zuschneiden. Von einer Stelle aus bis zum Mittelpunkt einschneiden, als Hut zusammenkleben. Für den Indianer die Federn vom Vorlagenbogen auf weißen Tonkarton übertragen und ausschneiden. Auf den Hut schwarze chinesische Schriftzeichen aufmalen, die Federn mit Schwarz verzieren.

3. Die Figuren gemäß Abbildung bemalen (Hautfarben mischen – Indianer: Hautfarbe/Mittelbraun, Chinese: Hautfarbe/Mango), trocknen lassen. Die Löcher für die Arme bohren. Pro Arm je 4 cm Biegeplüsch in entsprechender Farbe heineinstecken. Hut bzw. Federn auf den Kopf kleben.

Material

Für den Chinesen:
- *Tonkarton in Gelb, Zirkel*
- *Marabu-Decormatt Bastelfarbe in Weiß, Hautfarbe, Mango, Ultamarin, Zinnoberrot und Schwarz*
- *Biegeplüsch in Gelb*

Für den Indianer:
- *Tonkarton in Weiß*
- *Transparentpapier, dünner Karton*
- *Biegeplüsch in Terrakotta*
- *Marabu-Decormatt Bastelfarbe in Weiß, Hautfarbe, Mango, Zinnoberrot, Orange, Schwarz*
- *Filzstifte in Hellblau und Rot*

Für beide Modelle:
- *Sektkorken, Zahnstocher, Styroporstück*
- *Modellbaubohrer, Prickelnadel oder Vorstecher*
- *Seitenschneider, Lineal, Pinsel, Schere, Bleistift*
- *Feinliner und Filzstift in Schwarz*

Vorlage 8

Nord trifft Süd

1. Für den Inuit den Weinkorken halbieren, die Hälften jeweils als Arme auf den Sektkorken kleben (siehe Grundkurs Seite 4/5). Weiß grundieren und trocknen lassen.

2. Für das Baströckchen des Afrikaners vom Geschenkband 15 etwa 3 cm lange Stücke zuschneiden. Ein Ende jeweils 0,5 cm breit um ein Stück Stickgarn herumkleben.

3. Die Figuren gemäß Abbildung bemalen. Die Löcher für die Arme bzw. Hände vorbohren. Beim Afrikaner zwei 4 cm lange Biegeplüschstücke als Arme, beim Inuit 1 cm lange Stücke als Hände hineinstecken. Zum Schluss dem Afrikaner das Baströckchen um den Bauch herum ankleben.

Material

Für den Afrikaner:
- *Stickgarn, Geschenkkräuselband*
- *Marabu-Decormatt Bastelfarbe in Weiß, Hautfarbe, Mittelgelb, Zinnoberrot*
- *Biegeplüsch in Braun*

Für den Inuit:
- *Weinkorken, Heißkleber*
- *Marabu-Decormatt Bastelfarbe in Weiß, Hautfarbe, Mango, Zinnoberrot, Orange, Gelbocker*
- *Biegeplüsch in Terrakotta*
- *Filzstift in Hellblau*

Für beide Modelle:
- *Sektkorken*
- *Zahnstocher, Styroporstück*
- *Modellbaubohrer, Prickelnadel oder Vorstecher*
- *Seitenschneider, Lineal, Pinsel, Schere*
- *Feinliner in Schwarz*

Tapfere Rittersleut

1. Für den Ritter und das Burgfräulein die Korken weiß grundieren. Den Ritterschild vom Vorlagenbogen auf Tonkarton übertragen, ausschneiden. Auf der Rückseite einen Haltegriff arbeiten. Der Hut des Burgfräuleins wird aus einem Tonpapierhalbkreis (Radius 5 cm) zusammengeklebt. Die Walnusshälfte auf den Kopf des Ritters kleben und die Figuren laut Abbildung bemalen. Trocknen lassen.

2. Für das Haar des Burgfräuleins drei je 11 cm lange Kordelstücke aufribbeln, mit Heißkleber am Kopf fixieren. Darüber den Hut mit etwas Tüll als Schleier anbringen.

3. Die Löcher für die Arme vorbohren. 4 cm (Burgfräulein) und 6 cm (Ritter) lange Biegeplüschstücke zuschneiden und in die Körper stecken. Der Ritter bekommt den Schild, ein Zahnstocherschwert oder einen Schaschlikspieß, mit Stickgarn verziert, als Lanze in die Hand.

4. Für das Drachenmaul den Sektkorken breit einkerben (siehe Grundkurs Seite 4/5). Für den Körper zwei Weinkorken zuschneiden: Einen Korken in vier Scheiben teilen, den zweiten erst diagonal halbieren, dann in vier Teile teilen. Für die Füße zwei Korken zuschneiden, wie auf der Zeichnung auf dem Vorlagenbogen zu sehen. Die breiteren Hälften ergeben die Füße.

5. Die Drachenteile gemäß Abbildung mit Heißkleber zusammenkleben (siehe Grundkurs Seite 4/5). Anschließend weiß grundieren, trocknen lassen.

6. Die Flügel des Drachen vom Vorlagenbogen auf Tonkarton übertragen, ausschneiden. Den Drachen gemäß Abbildung bemalen. Die Flügel hinter den Kopf und die erste Körperscheibe kleben. Den Kamm und die Zacken mit Fun Liner Magic gestalten, trocknen lassen.

Material

Für den Ritter:

- *Tonkarton in Gelb oder Magenta*
- *Marabu-Decormatt Bastelfarbe in Weiß, Hautfarbe, Zinnoberrot, Orange, Schwarz*
- *Bastelfarbe in Silber*
- *Biegeplüsch in Pink oder Blau*
- *Walnusshälfte, Schaschlikspieß, Stickgarn*

Für das Burgfräulein:

- *Tonpapier in Flieder, Zirkel, Tüllrest*
- *Biegeplüsch in Rosa, Dekokordel in Gelb*
- *Marabu-Decormatt Bastelfarbe in Weiß, Hautfarbe, Mittelgelb, Flieder, Rosa, Zinnoberrot, Orange*

Für den Drachen:

- *4 Weinkorken, Cutter oder scharfes Messer*
- *Marabu-Decormatt Bastelfarbe in Weiß, Zitron, Gelbgrün, Zinnoberrot, Karminrot, Schwarz*
- *Tonkarton in Hellorange*
- *Marabu-Fun Liner Magic in Rot*

Für alle Modelle:

- *Sektkorken, Zahnstocher, Styroporstück*
- *Modellbaubohrer, Prickelnadel oder Vorstecher*
- *Transparentpapier, dünner Karton, Feinliner*
- *Seitenschneider, Lineal, Pinsel, Schere, Bleistift*

Vorlage 9

Hilfe, Monsterschreck!

1. Für das Monster den Sektkorken einkerben, wie im Grundkurs auf Seite 4/5 beschrieben. Dabei nach Belieben eine Zunge einarbeiten (dunkles Monster).
In den Korkenboden ein Loch für den Schaschlikspieß bohren. Die Wattekugel für die Augen halbieren und auf den Korken kleben. Alles weiß grundieren und trocknen lassen.

2. Inzwischen die Tüte vom Vorlagenbogen auf Regenbogentonkarton übertragen, ausschneiden und zusammenkleben. Ein 8 cm x 20 cm großes Stoffstück mit einer Längsseite etwa 1 cm tief in die Tütenöffnung kleben. Die offenen Seiten schließen. Den Stoff entlang der Oberkante mit Nadel und Faden raffen.

3. Das Monster gemäß Abbildung bemalen. Beim dunklen Monster mit Fun Liner Haare auftragen und trocknen lassen.

4. Einen Schaschlikspieß von unten durch das Loch in der Tütenspitze stecken. Auf das untere Spießende die Holzperle kleben. Auf das obere Spießende das Monster stecken. Stoff und Korken mit Heißkleber verbinden.

5. Vom Biegeplüsch ein 30 cm langes Stück zuschneiden. Die Mitte einmal fest unter dem Hals um den Stoff wickeln, auf der Rückseite verdrehen und die überstehenden Enden zu Armen formen. Die Enden zu Händen umbiegen.

6. Mit Heißkleber um den äußeren Tütenrand herum ein entsprechend langes Kordelstück anbringen.

Material

- *Sektkorken*
- *Zahnstocher, Styroporstück*
- *Modellbaubohrer, Prickelnadel oder Vorstecher*
- *Scharfes Messer oder Cutter*
- *Schneideunterlage*
- *Marabu-Decormatt Bastelfarbe in Gelbgrün, Zitron oder Zarttürkis sowie Zinnoberrot, Schwarz und Weiß*
- *Wattekugel, Ø 12 mm*
- *Marabu-Fun Liner Magic in Violett, Rosa und Hellblau (dunkles Monster)*
- *Biegeplüsch in Hellgrün oder Pink*
- *Schaschlikspieß*
- *Holzkugel, Ø 12 mm*
- *Stoffrest*
- *Dekokordel in Blau*
- *Nadel, Faden*
- *Regenbogentonkarton*
- *Transparentpapier, dünner Karton*
- *Seitenschneider*
- *Lineal, Pinsel*
- *Schere, Bleistift*
- *Heißkleber, Klebstoff*

Vorlage 10

Durstige Kletterbärchen

1. Für den Trinkhalm ein 5–6 mm großes Loch quer durch den Korken bohren. Den Korken weiß grundieren und trocknen lassen.

2. Die Ohren für das Bärchen mit Hilfe von Transparentpapier und Schablonen vom Vorlagenbogen auf farblich passenden Tonkarton übertragen und ausschneiden. Die Ohrinnenteile mit schwarzem Feinliner aufmalen.

3. Das Bärchen gemäß Abbildung bemalen und trocknen lassen. Den Plastikstift der Nase mit dem Seitenschneider abschneiden.

4. Die Augen und die Nase aufkleben. Mit dem Messer oder Cutter beidseitig Schlitze für die Ohren in den Korken schneiden und die Tonkartonohren hineinstecken.

5. Für Arme und Beine vier jeweils 5,5 cm lange, farblich passende Biegeplüschstücke zuschneiden. Die Löcher für Arme und Beine bohren, die Biegeplüschstücke hineinstecken. Das Mundstück des Trinkhalmes durch das durchgehende Loch im Körper hindurchstecken, Arme und Beine in Form biegen.

Tipp: *Für die Bärchen empfiehlt sich die Verwendung von extradickem Biegeplüsch, um den kuscheligen Fellcharakter zu verstärken. Erhältlich im gut sortierten Bastelfachhandel.*

Material

- *Sektkorken*
- *Trinkhalm mit Gelenk*
- *Zahnstocher, Styroporstück*
- *Modellbaubohrer, Prickelnadel und Vorstecher*
- *scharfes Messer und Cutter*
- *Tiernase (Ø 12 mm)*
- *je 2 Glastieraugen, Ø 8 mm*
- *Marabu-Decormatt Bastelfarbe in Weiß, Zartrosa und Mango*
- *Tonkarton in Rosa, Weiß und Gelb*
- *Biegeplüsch in Pink, Gelb und Weiß (Ø 14 mm)*
- *Feinliner in Schwarz, Pinsel*
- *Transparentpapier*
- *dünner Karton*
- *Bleistift*
- *Seitenschneider*
- *Lineal, Schere*
- *Klebstoff*

Vorlage 11

Summm, summ, summ

1. Für den sitzenden Marienkäfer das Korkenende gemäß Vorlagenbogen abschrägen. Den Korken grundieren, nach dem Trocknen gemäß Abbildung bemalen.

2. Die Flügel vom Vorlagenbogen auf roten Tonkarton übertragen, ausschneiden und mit Feinliner Punkte darauf malen. Die Flügel mit Heißkleber auf dem Käfer fixieren, Wackelaugen aufkleben.

3. Die Löcher für die Beine (sechs beim krabbelnden, vier beim sitzenden Käfer) und die Fühler vorstechen. Biegeplüschstücke (je 3 cm für den Krabbelkäfer, 4 cm für den sitzenden Käfer) zuschneiden, in die Löcher stecken und in Form biegen. Für die Fühler zwei je 4–5 cm lange Aludrahtstücke abzwicken, je ein Ende zu einer Öse biegen, darauf je eine Perle stecken. Die Fühler am Kopf anbringen. Den Käfer eventuell mit einer Satinrose schmücken.

4. Für die Bienen bzw. den blauen Käfer den Korken weiß grundieren, trocknen lassen. Die Figur gemäß Abbildung bemalen.

5. Nach dem Trocknen die Löcher für die Beine vorbohren. Vier etwa 5 cm lange, farblich passende Biegeplüschstücke zuschneiden und in die Löcher stecken. Die Fühler anbringen, wie beim Marienkäfer beschrieben.

6. Die Flügel des blauen Käfers vom Vorlagenbogen auf Tonkarton übertragen, ausschneiden und aufkleben. Für die gelbe Biene zwei unterschiedlich große Aludrahtstücke zu Brezeln formen, auf den Rücken kleben. Die andere Biene bekommt Flügel aus zwei glatt gestrichenen Baststücken.

7. Zum Schluss die Marionettenhände und -füße an die Arme und Beine kleben, eventuell Satinröschen in die Arme geben.

Material

Für die Marienkäfer:
- *Biegeplüsch in Rosa*
- *Tonkarton in Rot*
- *Wackelaugen (Ø 6 mm)*
- *Marabu-Decormatt Bastelfarbe in Weiß, Hautfarbe, Schwarz, Orange, Zinnoberrot, Mittelgelb*
- *scharfes Messer und Cutter*

Für die Bienen und den blauen Käfer:
- *Biegeplüsch in Rosa, Pink und Blau*
- *Tonkarton in Blau, Aludraht in Blau und Bast in Violett und Blau*
- *Marionettenhände (10 mm x 18 mm) und Marionettenfüße (20 mm x 15 mm)*
- *Marabu-Decormatt Bastelfarbe in Weiß, Hautfarbe, Zinnoberrot, Orange, Zitron, Mango sowie Mittelblau, Ultramarin, Flieder (blauer Käfer), Mittelbraun (beide Bienen), Zartrosa, Zarttürkis, Vanille (Biene mit Bastflügeln)*

Für alle Modelle:
- *Sektkorken, Zahnstocher, Styroporstück*
- *Modellbaubohrer, Prickelnadel oder Vorstecher*
- *Transparentpapier, dünner Karton*
- *Bleistift, Klebstoff, Lineal, Schere, Pinsel*
- *Aludraht (Ø 1 mm), Seitenschneider*
- *Holzperlen in passenden Farben (Ø 8 mm)*
- *Feinliner in Schwarz, Rundzange*
- *Satinröschen (Ø 8 mm)*

Vorlage 12

Einladung zum Froschkonzert

1. Den Kopf des Korkens beidseitig abschrägen, wie auf dem Vorlagenbogen zu sehen. Je nach gewünschter Sitzposition wird auch das Korkenende entsprechend schräg zugeschnitten (siehe Abbildung auf dem Vorlagenbogen).

2. Den Frosch zuerst weiß grundieren. Nach dem Trocknen den gelben Bauch sowie den Körper in Gelbgrün, mit Zitron gemischt, anmalen. Die Farben trocknen lassen.

3. Die Löcher für vier Beine vorbohren und vom Biegeplüsch vier Stücke zuschneiden. Die Länge variiert je nach Sitzposition, die Vorderbeine sind jedoch kürzer als die Hinterbeine. Jeweils ein Plüschende zu drei Zehen formen, das andere in das dafür vorgesehene Loch stecken.

4. Zum Schluss die Wackelaugen aufkleben und eventuell mit Feinliner den Mund aufmalen.

Tipp: *Die Frösche können ebenso wie andere Figuren in diesem Buch als Spielfiguren für ein selbst gestaltetes Würfelspiel verwendet werden. Dazu auf einen großen Bogen Tonkarton eine verschlungene Straße aus kleinen Kreisen kleben, dazwischen Seerosenblätter, am Ende einen Teich platzieren. Jetzt der Reihe nach würfeln. Wer auf einem Seerosenblatt landet, muss aussetzen. Welcher Frosch erreicht als Erster das Wasser?*

Material

- *Sektkorken*
- *Zahnstocher, Styroporstück*
- *Modellbaubohrer, Prickelnadel und Vorstecher*
- *scharfes Messer und Cutter*
- *Schneideunterlage*
- *Biegeplüsch in Hellgrün*
- *Marabu-Decormatt Bastelfarbe in Gelbgrün, Mango und Zitron*
- *evtl. Feinliner*
- *2 Wackelaugen (oval, Ø 12 mm)*
- *Seitenschneider*
- *Lineal*
- *Pinsel*
- *Heißkleber*

Vorlage 13

Impressum

Entwürfe und Realisation: Werner Schultze
Lektorat: Katja Rötzer, Günther Albrecht
Fotos: Inge Ofenstein, München
Styling: Ulrike Hundhammer
Umschlaggestaltung: Gundula Zehner-Varga
Entwurf und Illustration „Klipp-Klapper":
Stefan Hagen
Layout und Produktion: buchkonzept@web.de
Druck und Verarbeitung: J. P. Himmer, Augsburg

ISBN 3-89858-616-2

Autor und Verlag haben alle Angaben und Anleitungen mit größtmöglicher Sorgfalt zusammengestellt. Dennoch kann bei Fehlern keinerlei Haftung für direkte oder indirekte Folgen übernommen werden.

Herstellerverzeichnis

Farben und Lacke:
Marabuwerke GmbH & Co.
Asperger Straße 4
71732 Tamm

Hobby- und Bastelbedarf:
Rayher Hobby, über Hobby- und Bastelfachhandel

Versender:
Opitec

Creativ-Hotline
Wir sind für Sie da!
Montag bis Freitag
von 10.00 bis 16.00 Uhr
unter der Rufnummer:
07623/96 44 17

Farbauswahl **Marabu-Decormatt**

222 Vanille	020 Zitron	221 Mango	021 Mittelgelb	224 Pfirsich	013 Orange	038 Zinnoberrot hell	031 Scharlachrot
032 Karminrot	043 Rotwein	029 Hautfarbe	231 Wildrose	237 Zartrosa	238 Altrosa	002 Purpurrosa	050 Violett rötl.
051 Violett dkl.	089 Krokus	235 Flieder	291 Arktis	292 Zartblau	095 Azurblau	052 Mittelblau	055 Ultramarinblau dkl.
053 Dunkelblau	260 Taubenblau, hell	059 Bayrischblau	259 Antikblau	099 Türkisblau dkl.	262 Zarttürkis	097 Blaugrün	066 Gelbgrün
276 Schilf	065 Olivgrün	075 Tannengrün	277 Mistel	266 Antikgrün	247 Beige	245 Milchkaffee	028 Gelbocker
040 Mittelbraun	045 Dunkelbraun	278 Hellgrau	271 Elfenbein	070 Weiß	073 Schwarz		
733 Metallic-Rosa	750 Metallic-Violett	752 Metallic-Blau	767 Metallic-Grün	772 Metallic-Anthrazit	782 Metallic-Silber	784 Metallic-Gold	787 Metallic-Kupfer